2 1

Y.

L'ODYSSEE

D'HOMERE,

OU

LES AVANTVRES D'VLYSSE

en Vers Burlesques.

A PARIS,

Chez Toussainct Quinet, au Palais, sous la
montée de la Cour des Aydes.

M. DC. L.

Auec Priuilege du Roy.

+

Y

2 19

Y

A MONSEIGNEVR
MONSEIGNEVR
LE PRINCE
DE CONTY.

MONSEIGNEVR,

La chaste Penelope & Telemaque son fils,
viennent conter à VOSTRE ALTESSE leurs in-
quietudes sur l'absence d'Vlysse. Si vous daignez
souffrir l'entretien de ces deux personnes hero-

* ij

ques, ie m'affeure que leurs plaintes vous femble-
ront fort raifonnables. L'vne fe plaint de n'ofer
prendre vn fecond mary, dans l'incertitude où
elle eft du premier; Et l'autre de voir que les
Courtifans de fa mere diffipent fon bien. Ce ieu-
ne Prince voulant affembler fon Confeil fous
l'orme de fon village, pour les chaffer, fupplie
tres-humblement Voftre Alteffe de s'y trouuer
pour l'entendre, & pour eftre le fouuerain arbi-
tre des differents de fa famille. Il fçait qu'en fon
âge vous auez defia toute la prudence de fon
pere; Et que la viuacité de voftre efprit a tou-
fiours brillé dans des Confeils d'vne autre im-
portance que le fien. Il a oüy retentir par tout
les loüanges qu'on donne à voftre conduite, & à
cette merueilleufe prefence de iugement que
vous auez fait paroiftre dans les affaires les plus
preffantes de l'Eftat. S'il eftoit de la Cour, il pour-
roit particularifer vne infinité de chofes, qui font
admirer en vous la mefme grandeur de Genie
qu'on remarquoit en feu Monfeigneur le Prin-
ce. Qui ne voudroit donc fuiure vos auis & vos
ordres, comme des Oracles? Si Voftre Alteffe
approuue fon depart de l'Ifle d'Itaque, & luy
veut donner vn paffe-port pour aller chercher
le Roy fon pere, il fera fon voyage auec confian-
ce; Autrement il n'en efpereroit pas vn bon fuc-
cez. Il n'ofera point entrer dans le Palais du

EPISTRE.

Roy Menelas & de la belle Helene, pour s'en informer, si vous ne luy inspirez de la hardiesse, & si vous ne l'asseurez qu'il parle assez bien pour n'estre iamais sorty de sa maison rustique. Il n'y a personne au monde, MONSEIGNEVR, qui puisse mieux iuger de la beauté d'vn discours, que Vostre Altesse, qui dit toutes choses auec tant d'eloquence, & qui a tousiours de si agreables rencontres. Ie ne sçay si vous pourrez prendre quelque goust à son patois : souuent vne simplicité naïfue n'a pas moins d'agréement, qu'vn langage poly, & des termes bien choisis. I'ay eu la temerité de l'introduire deuant Vostre Altesse, tout rude & grosier qu'il est ; Croyant qu'vn excellent Prince comme vous estes, reçoit aussi bien les hommages qu'on luy fait à la villageoise, que ceux qu'on luy rend auec toutes les ceremonies de la Cour. Que si ces derniers ont plus de grace : les premiers sont ordinairement accompagnez d'vne affection plus pure. Quelque chetif que soit celuy que ie viens vous rendre, auec ce Prince de campagne ; Au moins il prouient du zele que i'ay d'estre toute ma vie,

MONSEIGNEVR,

DE VOSTRE ALTESSE,

Le tres-humble, tres-obeïssant
& tres-fidele seruiteur,
H. DE PICOV.

A MONSEIGNEVR

LE PRINCE

DE CONTY.

I'Ameine deuant Voftre Alieſſe
L'Aueugle fameux de la Grece,
Traueſty ridiculement
Comme l'Autheur de l'Eneïde :
Si ie ſuis mauuais truchement,
Du moins ie luy ſuis vn bon guide.

❦

Le bon-homme n'entra iamais,
Dans aucun hoſtel , ny Palais,
Si magnifique que le voſtre :
Car de ſa vie il n'euſt eu faim,
Et n'euſt chanté chez l'vn chez l'autre,
Pour auoir vn morceau de pain.

Il vient au nom de Telemaque,
Le fils d'Vlyſſe Roy d'Jthaque,
Ainſi que Voſtre Alteſſe ſçait :
Qui dans l'abſence de ſon Pere,
Vous fait preſenter ce Placet,
Contre les Amans de ſa Mere.

PLaiſe à Voſtre Alteſſe ordonner,
Que gens ne cherchans qu'à diſner,
Sous couleur d'aimer vne veufue,
De qui le mary n'eſt pas mort,
S'en aillent chercher maiſon neufue:
Leur deffendant chez luy l'abord.

A ſon notable preiudice,
Sans qu'elle accepte leur ſeruice,
Jls luy viennent faire la cour :
Bien qu'elle leur ait fait entendre,
Que deuſt-elle enrager d'amour,
Jls ne doiuent y rien pretendre.

Eſt - il iuſte que ſans adueu
Ils ſe chauffent au coin du feu,
Et mangent le bien d'vn pauure homme?
Tandis que ſon fils ſe morfond;
Et fait ſon repas d'vne pomme,
Pour reparer les frais qu'ils font.

Il implore voſtre aßiſtance:
Daignez en prendre la deffenſe,
MONSEIGNEVR, par voſtre bonté.
Sa pauure mere & luy ſans ceſſe,
Prieront Dieu pour la ſanté,
Et le bon-heur de Voſtre Alteſſe.

EPISTRE BVRLESQVE

DE

PENELOPE

A VLYSSE,

Tirée d'Ouide, qui est du sujet
de l'Odyssée.

Lysse, vous estes trop lent :
Vous deuriez craindre qu'vn galand
Ne se mist en ma bonne grace,
Et voulust prendre vostre place.
I'en ay plus de vingt à choisir,
S'il m'en prenoit quelque desir.

EPISTRE

Pisandre, Medon, & tant d'autres,
Qui sont tous d'aussi bons apostres,
N'ont rien gagné de m'en conter;
Mais il est temps de vous haster,
Puis qu'il faut que ie vous le die:
Vous sçauez nostre maladie,
Donnez-y remede, ou ma foy,
Ie ne vous respons plus de moy.
Aprés si longue resistance,
Les objets meuuent la puissance.
On a tousiours beau nous prescher
Que l'honneur nous doit estre cher;
Enfin, quelquefois la plus sage
Laisse aller le chat au fromage;
Parfois il ne faut qu'vn festu
Pour mettre à bas nostre vertu.
Quand l'heure du Berger arriue,
On n'est plus sur la deffensiue;
Les hommes, qui sont charlatans,
Sçauent alors prendre leur temps.

     On a rasé plus bas que l'herbe
Cette forteresse superbe,
Dont les Dieux furent les maçons,
Qui me donna tant de frissons,

Neptune & Apollon auoiét baſty Troye.

BVRLESQVE.

Qui mit en dueil tant de familles,
Et qui fit jaunir tant de filles.
Quel accroc vous a retenu,
Puis que tout le monde est venu ?
Le diable emporte lenauire
Qui nous amena ce beau Sire,
Que la femme de Menelas
Laiſſa coucher entre ſes draps !
Car il eſt cauſe que ie couche
Seule plus froide qu'vne ſouche,
Et qu'au lict i'ay peur des eſprits,
Si i'oy trotter vne ſouris.
Depuis , ha leur fievre quartaine,
Ie ſuis inceſſamment en peine,
Et ie crains que ie ne ſçay quoy
Vous ait fait moiſir loin de moy.
Vos riſques , perils , & fortunes,
Me troublent depuis deux cens Lunes.
O que l'amour eſt ſoucieux !
Ie penſois voir de mes deux yeux,
Tantoſt auec ſes bandes fieres,
Hector vous taillant des croupieres,
Et lors qu'vn Grec eſtoit vaincu,
Mon mary , diſois-ie , eſt à cu.

EPISTRE

Quand i'appris la mort d'Antiloche,
Dieux, dis-ie, comme on les embrocke!
Ie tremouſſay pour vous de peur,
Cela me fit faillir le cœur.
Et quand le fils de Menecie,
Ayant vn coup dans la veſſie,
Parmy d'autres cheut de ſon long;
Car on les fauchoit comme ionc,
A ce que diſent vos Gens-d'armes;
Au recit ie fondois en larmes,
Ayant touſiours apprehendé
Qu'auſſi vous ne fuſſiez lardé.
Lors que d'vn fer de hallebarde
On eut baillé telle nazarde
A Tlepoleme au grand ſourci,
Qu'on le fit tresbucher auſſi:
Le ſçachant i'eus rude trauerſe;
I'en penſay choir à la renuerſe.
Enfin i'eſtois, mon pauure eſpoux,
A toute heure en tranſe pour vous:
I'auois autant d'allarmes fauſſes,
Que d'autres y laiſſoient leur chauſſes.
Grace aux Dieux, tout eſt acheué,
Et vous vous en eſtes ſauué.

BVRLESQVE.

Ie n'en puis pas estre incertaine :
On a veu ramener Helene
Dans le Palais de son mary,
Auec vn grand chariuary
De toutes les femmes de Grece ;
Voila cette belle traistresse,
Qui fit auecque son ruffien
Tant de tort aux femmes de bien.
    Depuis ce temps vos camarades
Ont fait de petites peuplades :
On voit courir comme poulets
Prez d'eux leurs petits Argoulets,
Pendant que tel chante à sa femme,
Incessamment sur mesme game,
Les merueilles de ses exploicts,
Qu'il a racontez mille fois ;
Tel luy trace le camp de Troye
Auec du charbon, de la croye,
Ou sur quelque goute de vin ;
Là passoit ce fleuue diuin,
Ce grand Simoïs de qui l'onde
Rouloit maint homme en l'autre monde.
Et voicy le mont Sigeien :
Là le Palais du Roy Troyen.

EPISTRE

De ce coste nostre milice;
Les tentes d'Achille & d'Vlysse.
Là fut traisné le preux Hector,
Chef qui valoit son pesant d'or.

    Le vieux Nestor que l'on dit croire,
En a conté toute l'Histoire
A Telemaque nostre fils,
Qui le fut voir en son païs;
Car il estoit allé grand erre
Vous chercher par Mer & par terre.
J'ay sceu comme au camp ennemy

Rhesus
Roy de
Thrace.

Vous tuastes Rhese endormy,
Apres en auoir fait de mesme

Dolon
estoit vn
espion
Troyen,
qu'Vlysse
&Diome-
de prirent.

A ce pauure Dolon, tout blesme
De se voir si bien pris sans verd,
Qui vous auoit tout descouuert.
Vous eustes bien la hardiesse,
Trop oublieux de la promesse
Que vous me fistes au depart,
De ne vous point mettre au hazard,
Et de ne manquer pas de ruse
A trouuer tousiours quelque èxcuse
Pour n'aller point dans les combats.
Comme vont tous ces Fierabras:

BVRLESQVE.

Vous euftes, dis-ie, bien l'audace
D'emmener les cheuaux de Thrace,
Et d'efcarmoucher à la fois
Tant d'hommes qui fe tenoient cois,
Ronflans la nuit fur l'herbe humide,
Vous auecque le feul Tidide.

 Vous fiftes fi bien & fi beau
Quon vid bru fler Troye au flambeau.
Mais que me fert cette proüeffe,
Si ie vis en mefme deftreffe
Que lors qu'Ilion fubfiftoit,
Et que plus on s'y charpentoit ?
Là le bœuf à cornes tortuës
Laboure maintenant les ruës :
Le coûtre y brife de trauers
Les os à demy defcouuerts :
La terre y porte vn gras herbage,
Graffe de fang & de carnage :
On y prend les champs à rançon,
On y fait vendange & moiffon :
Bref il n'y refte rien à faire,
A quoy vous foyez neceffaire.
Et cependant vous me laiffez.
Où font tous les plaifirs paffez ?

EPISTRE

C'estoit vn bel amour de neige ?
Quand pour n'aller point à ce siege,
Et prendre auec moy vostre ébat,
Vous faisiez semblant d'estre fat.
Où courez-vous la pretentaine,
Vous auez donc autant de peine,
De vous resoudre à retourner,
Que pour lors à m'abandonner.

    Ie ne puis sçauoir où vous estes ;
Quoy que i'en fasse mille enquestes.
Vous deuriez m'escrire au naïf,
Si vous estes ou mort ou vif,
Sans abuser de ma simplesse
Me faisant perdre ma ieunesse.
Ie ne cesse encor maintenant
De m'informer à tout venant,
S'il ne sçait point de vos nouuelles ?
Il n'est pas iusque aux hirondelles
Qui viennent se nicher icy,
A qui ie n'en demande aussi.
Ie charge des lettres Missiues
Tous ceux qui partent de ces riues
Pour vous rendre par cas fortuit
S'ils auoient de vous quelque bruit.

Pour

BVRLESQVE.

Pour leur en donner le courage,
Ie leur promets plus de fromage
Et plus de beurre que de pain,
S'ils m'en font vn rapport certain.
Nous auons enuoyé vers Piles,
Et vers quantité d'autres villes;
Vers Menelas le Roy cornu,
Et tous ceux qui vous ont connu,
Pas vn ne nous a sceu rien dire :
Vous estes fondu comme cire.

    Ie commettois vn grand abus,
Priant que les mûrs de Phœbus,   Troye.
Qui me rendoient tousiours chagrine,
Cheussent promptement en ruine.
Hà, quand ie considere tout,
Que ne sont-ils encor debout !
Ie verserois bien moins de larmes,
Ne craignant que le sort des armes;
Et ie verrois dans ma douleur
Des compagnes de mon mal-heur.
Helas, ie suis seule à me plaindre !
Ie crains tout & ne sçay que craindre.
Vne fois i'ay peur que les loups
Ne fassent vn repas de vous :

i.

EPISTRE.

Vne autrefois ie me figure
Quelque autre mort encor plus dure.
Il n'est rien sur terre & sur Mer,
Dont ie ne me laisse allarmer.
Mais ie suis vne pauure femme
De me tourmenter ainsi l'ame:
Car n'ay-ie pas mainte leçon
Comme vn homme fait le garçon,
Aussi-tost qu'en terre inconnuë
Il se voit loin de nostre veuë?
Ne pouuez-vous pas estre espris
De quelque mignonne Cypris,
Et me faire en ses bras la nique
Pensant que ie suis trop rustique
De ne m'amuser qu'à filer,
Et que ie suis le pis aller.
Fasse le Ciel que ie me trompe!
Et que personne n'interrompe
Les bons desseins que vous formiez,
Du temps qu'encore vous m'aimiez!
    Mon pere sans cesse me crie
Pourquoy ie ne me remarie?
Il veut auoir à ce qu'il dit
Des petits fils d'vn second lict.

BVRLESQVE.

Ie vous seray pourtant fidele;
Quoy qu'il m'en blasme & m'en querelle;
Et semble qu'en vous escriuant
Ie bransle au manche cy-deuant.
C'est que ie suis toute enhazée
De me voir si fort courtisée.
Il vient des Amans de Samos,
Nous ronger icy iusqu'aux os;
De Dulichion, de Zacynthe,
Dont il nous couste pot & pinte.
Ils seront tousiours apres moy,
Tandis que nous aurons dequoy.
Chez nous sans cesse ils font ripaille,
Et viuent comme rats en paille.
C'est pitié du dégast qu'ils font,
Les safres, les goulus qu'ils font!
Hà que si vous pouuiez entendre
Les beslemens d'vn agneau tendre,
Et les grongnemens d'vn pourceau
Qu'ils vont mettre sous le cousteau!
Vous feriez bien-tost diligence,
Pour en venir prendre vengeance.
Vous viendrez garder nostre bien,
Quand il ne restera plus rien.

EPISTRE

Hà si l'amour de vostre femme
Ne peut point esmouuoir vostre ame,
Que la mort de tant d'innocens
Au moins puisse toucher vos sens!
Principalement, ie vous prie;
Considerez la gueuserie,
Où Telemaque vostre fils
S'en va tomber de pis en pis:
Car qui pourroit y donner ordre,
Tant qu'ils trouueront dequoy mordre?
Nous ne sommes en tout que trois,
Qui voulons empescher parfois
Qu'ils ne fassent si grande chere;
Le bon Laërtes vostre pere,
Et nous deux non guere plus forts:
Nous sommes tous de pauures corps;
Quand nous faisons quelque defense,
On nous rend moins d'obeïssance,
Que si nous ne parlions qu'en l'air,
Ou si l'on nous oyoit siffler.
Si par vn bon-heur Telemaque,
(Lors qu'il se déroba d'Ithaque,
Et prit ses iambes à son cou,
Vous cherchant ie ne sçauois où,)

BVRLESQVE.

N'euſt éuité leur embuſcade,
On l'euſt mis en capilotade.
Faſſent à noſtre mort les Dieux
Qu'il nous puiſſe fermer les yeux
Et nous enfermer dans la biere,
Quand nous irons au cimetiere.
Ce ſont les ſouhaits du vacher,
De ma nourrice & du porcher,
Qui de bien-faire s'éuertuent :
Tous trois humblement vous ſaluent.
Laërte vous ſaluë auſſi.
Ce pauure vieillard tout chanſi,
Qui n'eſt plus quaſi qu'vn phantoſme,
Ne peut gouuerner ce Royaume ;
Et noſtre fils eſt trop flouës :
Ainſi nous ſommes au rouët.
Vous eſtes ſeul noſtre eſperance :
I'attens auec impatience
Le bon-heur de voſtre retour,
Et les doux fruits de voſtre amour.

Fin de l'Epiſtre Burleſque.

Extraict du Priuilege du Roy.

PAR grace & priuilege du Roy, donné à à Paris le 19. iour de Decembre 16 49. Signé, Par le Roy en son Conseil, Lè Brun. Il est permis à Toussainct Quinet Marchand Libraire à Paris, d'imprimer ou faire imprimer, vendre & distri-buer l'*Odissée d'Homere en Uers Burlesques*, durant le temps & espace de cinq ans, à compter du iour qu'il sera acheué d'imprimer : Et defenses sont faites à tous Imprimeurs, Libraires & autres, de contrefaire ledit Liure, ny le vendre ou exposer en vente d'autre impression que de celle qu'il a fait faire, à peine de trois mil liures d'amende, & de tous despens, dommages & interests, ainsi qu'il est plus amplement porté par lesdites Let-tres, qui sont en vertu du present extraict tenuës pour bien & deuëment signifiées, à ce qu'aucun n'en pretende cause d'ignorance.

Acheué d'imprimer pour la premiere fois le 31. Ianuier 1650.

Les exemplaires ont esté fournis.

L'ODYSSEE
D'HOMERE,
O V
LES AVANTVRES D'VLYSSE
en Vers Burlesques.

LIVRE PREMIER.

CHERE Muse, parlons Phœbus,
Et faisons des Vers de Bibus,
Pour chanter dignement la ruse
D'vn homme qui n'estoit pas buse:
Dans la guerre de Menelas,
Il se tiroit des mauuais pas.

A

Deschiffre-moy ses auantures,
Et les diuerses tablatures
Qu'il donnoit en mangeant le pain
De maint Prince en païs loingtain.
C'est pitié que pauure Noblesse!
Il ne viuoit que par souplesse,
Et n'ayant pas vn quart d'escu,
Sauf vostre honneur, monstroit le cu;
Quand Calypso la pauure sote
Luy fit vn habit d'vne cote.
Cette bonne Dame esperoit
Qu'à son seruice il l'vseroit:
Mais aussi tost que de son Isle
Le compagnon peut faire Gile,
Sans de ses plaintes s'estourdir,
Il la planta pour reuerdir.
Il court vne nouuelle sourde;
Ie ne sçay si c'est vne bourde,
Que deuant son fascheux départ.
Il luy fit vn petit bastard;
Sans en iuger à la volée,
Disons-en nostre ratelée.

Ja la Ville de Priamus,
Comme a predit Nostradamus,
A depuis cent Lunes entieres
Seruy de cendre aux Lauandieres.
Cent fois les Grecs dans leurs maisons
Ont raconté prés des tisons,
Ou bien les pieds dessous la table,
Ce qu'ils ont fait de memorable,
Disant des Chansons de Bacchus
Sur les Troyens qu'ils ont vaincus.
Desia cent fois les Harangeres
Ont fait recit à leurs commeres
De la grandeur de ce débris,
Et des exploits de leurs maris.
Elles faisôient bien d'autres choses:
Mais ce sont pour eux lettres closes.
Le seul Vlyßés esclopé,
Absent de sa Penelopé,
Auoit depuis busqué fortune
Sur la bonne foy de Neptune.
Mais ce Dieu tousiours grommelant,
Ie ne sçay par quel mal-talent,
Le culbuta dans l'eau salée,
Auec toute sa batelée;

En bonne foy dans ce danger
Bien luy prit de sçauoir nager.
Les Braues qui l'accompagnerent
En beurent tant qu'ils en creuerent;
Luy seul chez Calypse abordé,
Desia s'estoit accagnardé
Entre les bras de cette belle;
Mais voicy bien autre nouuelle.

    La chaste Pallas aux yeux pers,
Guignant leurs plaisirs de trauers,
Ne peut souffrir leur badinage,
Mais tient à Iupin ce langage.
Vrayment, Sire, c'est vn grand cas
Que Neptune ne soit point las
De donner tousiours exercice
A la vertu du pauure Vlysse.
Pourquoy si long-temps laissez-vous
Sa Penelope sans Espoux,
Parmy tant de Seigneurs de mine
Qui se chauffent à sa cuisine,
Et luy font grassement l'amour,
Aux despens de sa basse-cour?
Ces Gentils-hommes de campagne,
Comme en vn païs de Cocagne,

Y font rangez autour du pot ;
Ils y font roſtir le gigot,
Les Poulets-d'Inde, Chapons, Oyes,
Les bonnes andouïlles de Troyes,
Pigeonneaux, & Cochons de laiĉt ;
Ainſi luy mangent tout ſon faiĉt.
Cependant vn autre dorlote
Le bon-homme dans vne grote :
Vne Nymphe des bois bruſlez,
Auec ſes diſcours emmielez,
Luy fait ſi bon jeu, bonne mine,
L'endort ſi bien, l'embabouïne,
Le retient ſi fort à la glu,
Qu'il eſt à demy reſolu
De viure auecque cette gaupe
Dans la terre comme vne taupe.
Ie vous diray bien toutefois,
Puis qu'il faut vous parler François,
Que c'eſt comme vn chien que l'on feſſe ;
Pour ſi bien qu'elle le careſſe,
Laſſé d'eſtre ſon Quinola,
Il voudroit eſtre loin de là.
Mais quoy ? ſon retour dépend d'elle :
Car il n'eſt pas vne Hirondelle,

Il n'a ny rame, ny vaiſſeau,
N'a ny duuet, ny plumaſſeau,
Cire, ny gomme, dont il puiſſe
Faire des aiſles d'artifice,
Pour guinder ſon corps dans les airs,
Et pour trauerſer tant de mers.
Helas, enfin, grand Dieu, mon Pere,
Ayez pitié de ſa miſere,
Et renuoyez-le en ſon païs!
Ha, ſans mentir, ie m'eſbahis
Que vous ayez ſi peu de cure
D'vne ſi bonne creature!
Jamais nul des autres mortels
N'a mieux encenſé vos Autels.
Fut-il aucun Grec dans l'armée,
Qui vous repeuſt de la fumée
De plus de Victimes que luy?
Cependant il eſt aujourd'huy
Deſnüé de toute aſſiſtance.
Si c'eſt la ſeule recompenſe
Que vous donnez aux gens de bien,
Tant vaut eſtre Iuif, que Payen.
   Jupiter reſpond à Minerue;
Ie ne ſçay pas par quelle verue

Vous me taxez de peu de soin;
I'ay d'ailleurs assez de tintoin,
Sans que vous me rompiez la teste
Par vne nouuelle requeste.
Hé bien, que feray-ie à cela?
Iray-ie mettre le hola.
Entre ces diablotins d'Eole,
Ces vents qui d'vne teste fole,
Aussi tost qu'ils sont deschaisnez,
Se battent comme des damnez.
Ie sçay qu'ils portent prejudice
Aux affaires de vostre Vlysse;
Et qu'ils l'ont soufflé si souuent,
Et par derriere, & par deuant,
Dessus l'element aquatique,
Qu'il en a gaigné la colique.
Mais, ma fille, il fera beau voir
Que i'aille employer mon pouuoir
A les repousser dans leur grote?
Attendez-vous-y; ie m'y bote.
S'il faut auertir Calypso,
Qui tient Vlysse à son gogo,
Que ie veux qu'elle lasche prise,
Me fist-elle vne mine grise,

De moy i'y confentiray prou,
Cela ne tient à fer, ny clou.

    C'eft affez de faueur, dit-elle.
Ie m'en vay bien la donner belle
A cette Dame au cul-croté;
Puifque c'eft voftre volonté.
Si voftre courrier ordinaire
Mercurius n'a rien à faire,
Qu'il aille pluftoft, que plus tard,
Luy declarer de voftre part
Qu'il faut que ce mal-heureux Prince
S'en retourne dans fa Prouince:
Mais fans retardement aucun.
Que ce ne fera pas tout vn,
Si cependant elle l'enjaule,
Et croit nous donner quelque cole,
Le retenant au trefbuchet,
Mal-gré vos lettres de cachet.
Et moy, ie m'en vais en Ithaque,
Confoler fon fils Telemaque,
Qui conte & pleure les morceaux
De tous ces fendeurs de naZeaux,
Qui feulement pour le fourrage
Briguent fa mere en mariage.

                         Außitoft

Aussi tost dit, aussi tost fait ;
Elle s'enuole comme vn trait,
Apres auoir chaussé ses aisles,
Qui sont des plumes les plus belles,
Que nos Fanfarons aguerris,
Ayent mis au vent dans Paris,
Et se va planter comme vn Suisse,
Aux portes du Palais d'Vlysse,
Auec sa hallebarde en main,
Ou demy-pique, que Vulcain
Fit pour garder son pucelage.
Elle auoit pris le personnage
De Mentes Duc des Taphiens,
Braue homme, mais de peu de biens.
Elle apperçoit deuant la porte
Comme vne petite cohorte,
De ces Amoureux marjolets,
Ioüans ensemble aux osselets,
Et se veautrans, ne vous déplaise,
Sur les peaux de bœufs, qu'à leur aise
Ils auoient n'aguere mangeZ,
Ou plustost s'en estoient gorgeZ,
Car ils faisoient si bien gogaille,
Qu'ils en arrondissoient leur taille.

B

Là Telemaque eſt tout penſif
Auec vn viſage de Iuif:
Mais toſt apres l'vn le brocarde,
L'autre luy baille vne naʒarde,
L'autre luy iette ſon chapeau,
Et le fait pleurer comme vn veau.
Ils auoient grand tort, à vray dire;
Non contens de mettre tout frire,
Et d'auoir leur ventre aſſouuy,
Ils le mal-traitoient à l'enuy.
N'eſtoit-ce pas vn grand dommage,
De voir vn ieune homme ſi ſage,
Auſſi barboüillé, ce dit-on,
Que ſi c'eſtoit vn marmiton?
Apperceuant ce nouuel hoſte,
Il vient ſoudain, ſans faire faute,
Le receuoir ciuilement,
Et luy faire ce compliment,
Auec des paroles de ſoye.

　　Ha, Monſieur, i'ay beaucoup de ioye
De vous voir en bonne ſanté!
Comment vous eſtes-vous porté?
Quoy que Dieu ne m'ait pas fait eſtre
Aſſeʒ heureux pour vous cognoiſtre,

Ie vous reçois bien volontiers.
Voſtre venuë en ces quartiers,
Eſt ſans doute pour quelque choſe,
Vous m'en direz tantoſt la cauſe ;
Quand nous aurons tous deux diſné
De ce que Dieu nous a donné.
Entrez donc, ſans ceremonie,
En attendant la compagnie :
Mettons voſtre arme au ratelier,
Le voicy prés de l'eſcalier.
Alors il prend ſa demy-pique,
Et d'vne façon heroïque,
Voilà, dit-il, Monſieur, comment
A la teſte d'vn Regiment,
On marche quand on fait reueuë ;
Et voicy comme l'on ſaluë,
Auec grace, le General.
Maugrebieu le ſot animal,
Luy penſa Minerue alors dire,
Car comme il ſe tourne & ſe vire,
Il luy deſcharge ſur le nez,
Vn grand coup des mieux aſſenez.
Il s'en excuſe, & s'inquiete ;
Mais cependant la choſe eſt faite,

Et l'vn tient auec son mouchoir
Son nez comme s'il deuoit choir,
Tandis que l'autre va grand erre,
Pour ranger ce baston de Guerre.
Reuenu qu'il fut sur ses pas,
Pourquoy, dit-il, n'entrez-vous pas ?
Et sans vser d'autre preface,
Puis-que vous voulez que ie passe,
Poursuit-il, luy prenant la main,
Ie vay vous monstrer le chemin.
Ainsi la meine dans la sale,
Presque aussi grande qu'vne Hale,
Lambrissée auecque des aix,
Et planchayée à peu de frais.
Les meubles les plus magnifiques
Y sont bancs, & sieges antiques,
Entre-autres le plus apparent,
Le fautueit de son pere-grand,
Tout tel qu'vne chaise percée :
Mais dont vne iambe est cassée ;
Ce qu'oubliant le bon Seigneur,
Il le luy donne par honneur,
Et luy fait faire la cul-bute.
Peu s'en falut qu'en cette cheute,

Il ne vift ce qu'elle portoit ,
Et ne cognuft ce qu'elle eftoit ;
Ayant les feſſes vn peu groſſes,
Et n'ayant point de haut de chauſſes ,
Ny perfonne de ce témps là.
Elle fe leue , & fur cela ,
Meffieurs auec vn bruit de Diable ,
Se viennent mettre en foule à table.
Là l'on voit la foupe fumer ,
Et les Compagnons s'efcrimer
Des mains , & des dents , fur les viandes,
Qui leur femblent les plus friandes.
Or à grand' peine deux ou trois
S'eftoient laué le bout des doigts :
Tant leur fraifche gueule les preſſe ,
Que fans dire ny quoy, ny qu'eft-ce
Vn chacun tafche de s'aſſeoir ,
Au meilleur lieu qu'il peut auoir :
Car encore la table ronde ,
N'eftoit pas en vſage au monde ; ,
On n'atteignoit pas aifément ,
De toutes parts également ,
Aux mets dont il prenoit enuie ;
Quoy que la table en fuft feruie.

Le bon Telemaque, & Pallas,
Se viennent mettre au bout d'embas,
Ayant fait tous les formulaires
Des ciuilitez ordinaires.
Là, comme pour l'amour de Dieu,
On pousse vers eux du milieu
Vn reste de soupe assez bonne,
Telle qu'on porte dans l'Automne
A la troupe des Vendangeurs,
Qui ne sont pas petits mangeurs.
Apres de mesme on leur presente
Vn reste de piece tremblante.
En suite plusieurs autres plats,
Où vous eussiez dit que les chats,
Auec vne faim enragée,
Auoient toute la chair rongée.
Vn chacun boit à qui mieux mieux,
Le vin sort à tous par les yeux.
    Vous sçauez qu'en cette occurrence,
Apres la panse vient la danse,
Ils font chanter vn air guerrier
A Phemion le menestrier,
Sur la guitarre, ou sur sa viele,
Ie ne sçaurois dire laquelle :

Si ſçay-ie fort bien toutefois
Qu'ils danſoient en vrais Polonnois.
Tandis que la troupe brutale
Va trépignant dans cette ſale ;
Tout doucement Telemachus
Dit à Pallas ; Ie ſuis confus
Vous ayant fait ſi maigre chere.
I'euſſe bien ſouhaitté mieux faire ;
Mais vous voyez comme ces gens,
Non plus ciuils que des Sergens,
Mangent icy mon patrimoine.
Ny moy, ny ma mere la Roine,
Qu'ils font ſemblant de rechercher,
Nous ne ſçaurions les empeſcher
De nous mettre tout par eſcuelles,
Et nous ronger iuſqu'aux moüelles.
Cependant où tout m'appartient,
Ie ne puis, quand quelqu'vn ſuruient,
Luy faire vn repas honorable,
Comme à mon rang eſt conuenable.
Ha Dieu, que mon pere Vlyſſez,
Sans autre forme de procez,
Trouuant icy cette canaille,
Frapperoit d'eſtoc & de taille!

S'il venoit maintenant, mortbleu,
Que nous verrions iouër beau ieu!
Mais c'en est fait de ce pauure homme:
S'il vient, ie l'iray dire à Rome.
Il n'est plus parmy les humains
En estat de iouër des mains:
Car s'il estoit viuant encore,
Il ne seroit pas si pecore,
Que de perdre le souuenir
Du chemin pour s'en reuenir.
En sçauriez-vous quelque nouuelle?
Comme vous battez la semele
Deçà delà par le païs,
Vous en pourriez auoir appris.
Mais dittes moy de quelle plage,
De quel Bourg, ou Ville, ou Village,
De quelle maison estes-vous?
Sortez-vous des Topinambous,
Des Canadois, ou Troglodites?
Estes-vous loin de ces limites?
Estes-vous venu d'autres-fois
Dedans le païs Ithaquois?
Estes-vous venu voir mon pere?
C'estoit vn Prince debonnaire,

Qui

Qui traitoit bien vn eſtranger:
Il ſçauoit bien ſon pain manger.
   Le feint Mentes prit la parole:
Ie vous diray ſans faribole
Ce que vous deſireZ de moy.
Ie ne me dis pas fils de Roy;
Ie ſuis Mentes fils d'Anchiale,
Qui fut d'vne race Royale,
Duc de Taphos, comme ie ſuis.
Ie viens pour gagner, ſi ie puis,
Quelque choſe dans le commerce,
Où depuis long-temps ie m'exerce:
Car tous les Grands de nos quartiers
Sont & Marchands & Regratiers,
Comme les nobles d'Italie.
Les François font vne folie,
De ne faire pas comme nous.
Ie ne porte point des bijous,
Des rubans, de la nompareille,
Des maſques, & pendans d'oreille,
A la Foire de ſainct Germain:
C'eſt s'amuſer à petit gain.
Ie m'en vay changer, liure à liure,
Vn batteau de fer en du cuivre,

C

A Temese, où les gens sont sots,
Qui n'en sçachant faire des pots,
Ny des poislons, ny des chaudieres,
Ny des bassins pour les Tripieres,
Ayment mieux du fer pour s'armer
D'engins propres à s'assommer.
I'ay mis mon Nauire à la rade,
Pour venir faire vne passade
En ces lieux, où i'auois accez
Comme bon amy d'Vlyssez,
Auec qui i'ay fait bonne chere.
Si Laërte vostre grand-pere
Estoit icy presentement,
Il me receuroit bien gayment.
On dit qu'il est à la campagne,
En vne Ferme, où pour compagne
N'ayant qu'vne vieille Houhou,
Il vit seul comme vn loup-garou:
Qu'elle fait tout son tripotage,
Fait le lict, dresse le potage,
Le sert auec beaucoup de soin,
Le reschauffe, s'il est besoin;
Qu'enfin cette bonne seruante
Soustient sa vieillesse penchante.

Aussi l'aime-t'il plus , dit-on ,
Qu'vne de l'âge d'vn teston.
Or quant à son fils vostre pere ,
Ie croy qu'il se pourroit bien faire
Qu'vne ieune le retiendroit
En quelque Isle , ou quelque autre endroit.
Mais ne vous mettez point en peine :
Quelque forte que soit la chaine ,
Dont on le pourroit attacher ,
Il sçaura bien s'en arracher ,
S'il se le veut mettre à la teste :
O que c'est vne fine beste !
Mon Enfant , ie te predis bien ,
Sans que ie sois Bohëmien ,
Deuin , Astrologue , ny Mage ,
Que tu verras le personnage
Faire icy voler coups de poings ,
Quand on y pensera le moins.
Or sus , dis moy , ie t'en coniure ,
Es-tu de vray sa geniture ?
S'il me souuient de son minois ,
Apres l'auoir veu tant de fois ,
Vous vous ressemblez tout de mesme ,
Que deux fromages à la cresme ,

Tout ainſi que deux goutes d'eau ,
Bref, comme le bœuf & le veau.
    Telemaque ſur cette affaire
Ne reſpond point auec colere ,
Comme l'imprudent Phaëton ;
Mais auſſi ſage qu'vn Caton ,
Il luy replique : Mon cher hoſte,
Si ma mere a fait quelque faute,
Au moment qu'elle m'a conceu,
C'eſt ſans que iamais on l'ait ſceu.
Iamais cela ne ſe reuele.
Quoy qu'il en ſoit ie ſuis né d'elle :
Pour mon pere, il eſt incertain :
Ie puis eſtre fils de putain ,
Elle peut eſtre honneſte femme ,
Et ie le croy bien ſur mon ame, .
Mais ie n'en ferois pas ſerment ,
A vous en parler franchement.
Vous ſçauez les coqueteries
Du bal, du cours, des Tuileries,
Où par les Dames de Paris
Il ſe fait tant de ſots maris.
Ce païs eſt tel que le noſtre,
Ma mere femme comme vne autre.

Vlyſſe eſt fin ; mais auiourd'huy
L'on en voit d'auſſi fins que luy,
Attrapez de cette maniere,
En tenir bien dans la viſiere.
Fuſſé-ie fils d'vn Financier,
Ou de quelque beneficier !
Ie ferois rouler des piſtoles,
Plus qu'à preſent ie n'ay d'oboles,
Eſtant le fils d'vn pauure Roy :
Il n'eſt rien tel qu'auoir dequoy.

   Certes, dit Mentes, ie t'eſtime ;
Tu tiens vne bonne maxime :
En ces matieres l'on ne doit
Rien aſſeurer que ce qu'on voit.
Lors qu'vne mere nous façonne,
C'eſt ſans qu'elle appelle perſonne :
Mais quand elle accouche, touſiours
On l'entend crier au ſecours :
Ainſi nous pouuons bien connoiſtre
Celles, non ceux, qui nous font naiſtre.
Toute-fois, raillerie à part,
Ie croy que tu n'es point baſtard ;
Tu n'as pas aſſez de malice :
Et ie te tiens pour fils d'Vlyſſe ;

Les gens d'esprit, comme ce Roy,
Font de bons enfans, comme toy.
Mais, mon fils, parlons d'autre chose :
Tu ne m'as pas bien dit la cause,
Pourquoy se font ces beaux festins,
D'où sont venus tous ces Mastins ?
Ie doute qu'estans à leurs tables
Ils fissent des repas semblables,
Beuuans à tire-larigot.
Si chacun payoit son escot,
Quoy qu'ils fassent ainsi les braues,
Peut-estre viuroient-ils de raues,
D'aux, & d'oignons, en pauures gueux,
Comme les Espagnols chez eux.

    Venez, grand Vlysse mon pere,
Venez venger ce vitupere,
Si vous estes encor viuant,
Dit Telemaque en endesuant !
Me feront-ils tousiours la moüe,
Sans que personne les rabroüe ?
Ils me traitent comme vn faquin :
Ha, s'il me prend vn ver-coquin,
I'armeray valets, & seruantes,
Qui frotteront leurs Innocentes !

Ma mere a grand tort, sans mentir :
Elle deuroit, ou consentir
A leur recherche en mariage,
Ou bien, sans tarder dauantage,
Sans tant de frais, & de caquet,
Leur bailler à tous leur paquet.
Mais elle aime cette assemblée ;
Se plaist à se voir caiolée ;
Et faisant à tous le beau-beau,
Elle les tiens le bec en l'eau.
Quoy, craint-elle d'estre sans homme ?
Qu'elle n'ait pas peur qu'elle en chomme,
Bien que ceux-cy fussent dehors,
Si mon pere est au rang des morts.
Tous courent à la belle veuue ;
Et n'en fut-il point, elle en treuue.

    Ils n'auroient pas si bon marché,
Dit Mentes faisant le fasché,
D'vn pere si plein de proüesse,
Comme ils ont eu de ta simplesse.
Ha ! si tu leur monstrois les dents,
Quoy qu'ils fassent tant les fendants,
Ils gaigneroient tost la guerite,
Sans plus escumer ta marmite.

Si tu n'oses les quereler,
Tasche moy de les acculer,
Chacun d'vn bon coup de rapiere,
En vaillant homme par derriere.
Mais ce seroit vn triste ieu ;
Te feras mieux d'attendre vn peu.
Maintenant, si tu me veux croire,
Fais, par tout dans ce territoire,
Publier qu'on vienne au Conseil,
Demain au leuer du Soleil.
Quand chacun aura pris sa place,
Propose de donner la chasse
A ces mangeurs du bien d'autruy ;
Et fais-toy donner de l'appuy,
Pour executer l'entreprise,
S'il faloit vser de main-mise.
D'autre part, pour ton plus grand los,
Il sera peut-estre à propos
Que tu t'en ailles par le monde
Faire quelque petite ronde,
Pour chercher ton pere par tout :
Non pas de l'vn à l'autre bout ;
Car tu ferois trop long voyage :
Mais ie veux dire au voisinage ;

Comme

Comme vers Pilos chez Neſtor,
Ou vers Lacedemone encor
Chez Menelas, où pour ta peine
Tu pourras voir la belle Heleine:
Mais ſur tout ſois ſage en ce poinct
De ne la luy desbaucher point.
Tu ſçais bien comme à guerre ouuerte
De Paris il l'a recouuerte:
Tu deuiendrois auſſi camus
Que ce beau mignon de Venus.
Or ſi par là quelqu'vn t'aſſure,
Ou ſi tu ſçais par coniecture,
Que ton Pere n'eſtant pas mort,
Boit bien encore, mange & dort,
Attends ſon retour vne année,
Et fais differer l'hymenée
De ta mere Penelopé,
Quand tout deuroit eſtre frippé
Par ces amoureux à douzaines,
Qui ſont tout autant de gangraines,
Qui rongent ta pauure maiſon.
Que s'il eſt mort comme vn oiſon,
En quelque part ſans los ny gloire,
Comme en ce cas il faudroit croire,

D

Autrement on vous l'euft eferit,
Et la Gazette l'auroit dit;
Sers d'apparieur à ta mere,
Et choifis toy-mefme vn beau-pere,
Qui foit bien chauffure à fon point,
Et qui ne te gourmande point,
Et ne te faffe gafconnades,
Ains que vous foyez camarades.
Que fi fans entendre raifon
Ores elle a demangeaifon
Pour vn deuxiefme mariage,
Et ne peut tarder dauantage:
Car l'experience m'apprend
Que tout à coup l'enuie en prend
A ces femmes tant muguettées,
Qui font le plus les dégouftées.
Si fans refpect de fon mari,
Sans crainte de chariuári,
Du bruit des poefles & marmites,
Des chauderons & lefchefrites,
Elle fe veut remarier;
Fau-la fortir de ton terrier;
Qu'elle s'en aille chez fon Pere
Chercher fa dot & fon douaire:

Laiſſe-l'y iouër ſon tric-trac,
Sans te meſler de ce mic-mac.
Autre choſe ne te puis dire:
Il eſt temps que ie me retire,
Mes gens m'attendent pour partir.

 Ie ne vous laiſſe point ſortir,
Replique le bon Telemaque,
En le tenant par la caſaque,
Sans prendre encore vn doigt de vin:
Vous ferez mieux voſtre chemin.
On leur en porte à pleine taſſe,
Ils font enſemble toppe & maſſe;
Et puis, bras deſſus, bras deſſous,
Ie ſongeray touſiours à vous,
Suiuant voſtre aduis ſalutaire,
Comme ſi vous eſtiez mon Pere,
Mon bon demon, ou quelque Dieu,
Finit-il, luy diſant adieu.

 Dés auſſi-toſt mon ieune drole
Va plus reſolu que Barthole,
Trouuer Meſſieurs les Courtiſans
Sur des ſieges ſe repoſans:
Pendant que Phemion entonne,
Des Grecs la retraitte poltronne,

Vne fois lors que les Troyens
Les goufpilloient comme des chiens.
Penelope l'oit de fa chambre,
Et cette chanfon luy remembre
Son Vlyffe qu'elle aimoit tant:
Elle defcend tout à l'inftant,
Apres qu'elle s'eft attourée,
A mis moufches, & s'eft mirée.
Elle paroift comme vn Soleil
La belle Dame au teint vermeil,
Auec de ieunes Demoifelles,
Qui n'eftoient pas guere moins belles,
Ny moins capables de tenter,
Et valoient bien le décroter.
Vn crefpe en figne de veufuage,
Eft abaiffé fur fon vifage:
Mais au trauers, fes yeux charmans
Esbloüiffent tous fes Amans:
Plufieurs en eurent la berluë,
Prefque foudain qu'ils l'eurent veuë.
Chacun luy fait le pied de veau,
Et luy vient baifer le mufeau,
Et chacun, auec flatterie,
Luy dit quelque gal anterie.

Elle leur rend leur compliment,
Puis parle au ioüeur d'inſtrument.
Mon bon amy, voſtre harmonie
Pourroit charmer la compagnie,
Sans dire mal de nos Guerriers ,
Et fleſtrir ainſi leurs lauriers.
Cela touche de prés mon homme ;
Et dans le dueil qui me conſomme,
Ie ne trouue nullement bon
D'entendre vn ſemblable fredon.

Telemaque d'auis contraire ,
Se met à luy dire , ma Mere,
Quel mal vous fait-il de chanter?
Vous pourriez ne pas eſcouter
Ces couplets s'ils vous ſont funebres.
Les Grecs ne ſont pas moins celebres,
Pour auoir en hommes prudens ,
Sceu fuir en de tels accidens.
Et croyez-vous que ie permiſſe
Que l'on blaſmaſt mon Pere Vlyſſe ?
Madame vous ferez fort bien
De ne vous meſler plus de rien,
Si ce n'eſt de voſtre meſnage ;
Car Dieu mercy ie ſuis en âge

De pouuoir prendre garde à tout ;
I'en viendray bien moy seul à bout,
Sans que vostre esprit s'en embroüille ;
Allez filer vostre quenoüille,
De peur que vostre Majesté
Ne tombe dans l'oisiueté,
Car il n'est rien qui plus esmeuue
La pudicité d'vne veuue.

   Penelope, à ce dernier mot,
Luy respond, Vous estes vn sot,
Respectez ces Messieurs ; ie meure,
Si ie ne vous payois sur l'heure.
Quoy, vous m'apprendrez mon deuoir ?
Vrayment il le feroit beau voir.
Suis-je sous vostre Seigneurie ?
Voyez ce niais, ie vous prie,
Ce manant, ce gros villageois.
Ie ne sçais à quoy ie songeois,
Quand ie fis ta chienne de teste,
C'estoit sans doute à quelque beste :
Ha, qu'il est bien vray qu'en effet
Il faut penser à ce qu'on fait.
Apres s'estre ainsi gendarmée,
Elle s'en retourne enflammée :

On euſt veu chaque pourſuiuant
Preſto luy courir au deuant.
Ie vois encore, ce me ſemble,
Comme ils ſe gourment tous enſemble,
A qui la prendra par la main,
Tandis qu'elle s'enfuit ſoudain.
Ils ſe iettent ſur d'autre proye :
Chacun prend pour fille de ioye
La ſuiuante qu'il peut haper,
Ils n'en laiſſent point eſchaper ;
Celuy-cy la ſienne chiffonne,
En luy diſant, m'amour mignonne,
Que ie prenne au moins vn baiſer,
Quoy, voudriez-vous me refuſer ?
L'autre dans le ſein luy farfoüille,
Luy fait crier, ouf, la chatoüille,
Luy ſerre doucement le pous,
Et la tient entre ſes genous.
Bref ils font vne manigance,
Que ie paſſeray ſous ſilence.
   Telemaque ouurant de grands yeux,
Vous eſtes trop licentieux,
Meſſieurs, dit-il, deuant ma face :
Et c'eſt auecque trop d'audace

Deshonorer cette maison:
I'en sçauray bien tirer raison.
Il faut vous contenter qu'on souffre
Que vostre gourmandise engouffre
Tout ce que mon Pere a de bien,
Sans qu'on vous en demande rien.
Le iour ne durera plus guere;
Passons le reste en bonne chere.
Ie vous aduertis que demain,
Et c'est à dire le prochain,
Ie veux assembler, sans remise,
Mon Conseil, à l'heure precise,
Qu'vn laboureur au chant du coq,
S'en va mettre la main au soc.
Enfin i'y veux faire conclure
Si vous deuez sous couuerture
D'amour, de recherche, & d'hymen,
Estre icy iusqu'à dire, Amen;
Et s'il faut malgré que i'en aye,
Que tous les iours ie vous deffraye.
Vous feriez bien moins les pimpans,
S'il faloit viure à vos despens,
Et faire cette goinfrerie
A la premiere hostellerie.

Allez

Allez vous traitter tour à tour;
Et puis vienne faire la cour
A ma mere l'apresdinée,
Qui pretend à son hymenée.

   Les Courtisans demeurent froids,
Et se mordent levres & doigts:
Puis l'vn d'eux, s'esbouffant de rire,
Dit, nous suiurons vos ordres, Sire:
Voilà des discours, par ma foy,
Qui sont dignes du fils d'vn Roy.
Vous meritez bien qu'on vous donne
Sceptre, Diadéme, Couronne,
Et Throsne, & pouuoir absolu:
Il n'est que d'estre resolu.
Quand vous serez, ie m'imagine,
Roy de fait, comme d'origine,
Que vous ferez de beaux projets,
Et ferez bouquer vos sujets?
S'ils se menent par mesmes voyes,
Qu'on conduit vne troupe d'oyes;
Comme vous les gardiez souuent,
Ie vous y vois desia sçauant.

   Là là, Monsieur, dit Telemaque,
Si i'estois esleu Roy d'Ithaque,

E

Ie ferois iustice à chacun:
Et les oreilles de quelqu'vn
Sçauroient ce que le Sceptre pese:
(Cela soit dit par parenthese.)
Ie n'espere point cét honneur;
Ie me tiens assez grand Seigneur,
Si ie vous puis enuoyer paistre,
Et demeurer icy le Maistre.
Que de toutes les royautez
On fasse des choux & pastez:
Quoy que celle-cy m'appartienne;
A cela seulement ne tienne,
Si quelqu'vn d'auanture y mord,
Que nous ne soyons bien d'accord.
Ie n'attache point là mon asne:
Pour moy i'estime, Dieu me damne,
Le Sceptre comme vn tronc de chou.
Vous direz que ie suis vn fou:
Mais, soit sagesse, soit fadaise,
I'ayme mieux viure paix & aise,
Que d'oüir à l'entour de moy,
Tousiours corner, viue le Roy.
Tout cét honneur n'est qu'vn fantosme:
Ma Ferme sera mon Royaume,

Ce logis touſiours mon Palais,
Et ma Cour ſeront mes valets.
 Eurimaque fils de Polybe
Luy dit, perſonne ne prohibe
Que vous ne ſoyez iouïſſant
Des biens de voſtre pere abſent.
Vous vous plaignez qu'on les conſomme:
Si faut-il viure en Gentil-homme,
Traitter le monde à cœur ouuert,
Deuſt-on manger ſon bled en verd.
Quant au gouuernement d'Ithaque,
Qui ſeroit l'hypocondriaque,
Qui ne vouluſt ce bon morceau?
Vous agiſſez en renardeau:
On le voit à vos procedures;
Ainſi dit le Renard des meures.
Mais apprenez-nous, s'il vous plaiſt,
De quel païs, quel homme c'eſt
Cét Eſtranger, au front ſeuere,
Que vous entreteniez n'aguere?
Ne vous a-t'il pas annoncé
Ou Vlyſſe n'eſt point trſpaſſe?
Et quoy que ſa mort on publie,
Qu'il n'attendra pas comme Elie

A ne reuenir seulement
Qu'au dernier iour du iugement :
Ou pluſtoſt eſt-ce qu'il repete
Le payement de quelque dette?
Si pour retirer ſon argent,
Il vous enuoyoit le Sergent,
Nous ſommes, Dieu mercy, ie penſe,
Pour l'eſpouſſeter d'importance.
Nous le ferons bien dilayer :
On ſe mocque de rien payer ;
Iamais l'argent ne fut ſi rare,
Qu'il eſt depuis cette bagarre.
Depuis que tant de Maltotiers
Sont deuenus banqueroutiers,
Toutes les bourſes ſont ſerrées,
Et les piſtoles enterrées.
Gardez-les, ſi vous en auez :
Que ſi par hazard vous deuez,
Voicy bien-toſt dans l'an de grace,
Le Iubilé qui tout efface.
Repreſentez comme iadis
En pareil temps on fit Edits,
Qui commodement rendoient nulles
Obligations & cedules.

Les debets eſtoient relaſchez,
Ainſi qu'on remet les pechez.

　　Telemaque ſur cette enqueſte,
Reſpond, en ſecoüant la teſte,
Cét homme ne m'eſt venu voir,
Comme ie croy, que pour auoir
Ceans vne franche repuë;
Sa perſonne m'eſt incognuë :
Son nom eſt Mentes, voirement
Il ſe peut bien faire qu'il ment.
Il eſt de la race fameuſe
Des Ducs de Taphos la poüilleuſe :
Il cognut mon pere autrefois :
Mais il n'en a ny vent ny voix,
Quoy qu'il batte fort la campagne.
Ha, ie croy qu'il eſt à Mortaigne!
Ie ne ſçaurois m'imaginer
Qu'il ne ſe ſoit fait eſchiner.

　　Ainſi diſoit ce Triſte-mine,
Tirant du fond de ſa poitrine
Cent ſouſpirs, ſanglots & hoquets.
D'autre part ces ieunes friquets
Tandis qu'il pleure & ſe lamente,
S'en vont danſer quelque courante

E iij

Auec les filles du logis.
Cependant on fait les hachis,
La poifle frit, les broches tournent,
Les tartes & tourtes s'enfournent,
Pour eftre cuites au deffert.
Le Sommelier met le couuert,
Et tire le pain des corbeilles,
Et le bon vin dans les bouteilles :
On fert fur table, on vient s'affeoir
Voilà ce qui fe fit le foir.
Car quand la débauche fut faite,
Chacun chez foy fit fa retraite,
Se margoüillant dans les ruiffeaux,
Tous fouls comme de gros pourceaux.
Telemaque, qui s'en déblaye,
Reprend alors fon humeur gaye.
Peut-eftre auoit-il fur le cœur
Vn peu trop de cette liqueur
Qui le refioüit & l'enflamme ;
Car vne bonne vieille femme,
Qui le menoit toufiours coucher,
Luy femblant & d'os & de chair,
Ainfi qu'vne ieune pucelle,
En penfa bien auoir dans l'aile.

En la baisant il n'eust pas deu
Apprehender d'estre mordu ;
Elle n'auoit dent en la bouche.
Mais pour faire court, il se couche,
Apres auoir lasché de l'eau :
La vieille tire le rideau :
Muse, il est temps que ie me taise,
Laissons-le dormir à son aise.

Fin du premier Liure.

L'ODYSSEE
D'HOMERE.
O V
LES AVANTVRES D'VLYSSE
en Vers Burlesques.

LIVRE SECOND.

L'*Aube monstroit ses rouges doigts:*
Il estoit iour, en bon François,
Sans me seruir de periphrase:
Lors que nostre raquedenaze,
Telemaque le bon garçon,
Aussi matineux qu'vn maçon,

F

Ouure les yeux & se resueille;
Tant il a la puce à l'oreille;
Leue le cul, prend son habit,
Et saute presto bas du lict:
Appelle valets & les gronde;
Ainsi resueille tout le monde.
On sonne le cor du vacher
Trois fois, pour faire dépescher
Messieurs du Conseil qui se rendent
Sous l'Orme, au signal qu'ils entendent.
C'estoit vn grand orme planté
Dans la place, où d'ancienneté
Tous les Roys d'Ithaque, ses peres,
Concluoient les grandes affaires.
Il s'y transporte des premiers,
Accompagné de deux limiers,
Qui seuls faisoient toute sa garde.
Marchant d'vne mine piafarde,
Il se quarre, en mordant ses glands;
Ainsi qu'vn pourceau de trois blancs.
Là toute la noble Assistance,
Auecque luy, prit sa seance:
Chacun eut vn degré d'honneur,
Selon qu'il estoit grand Seigneur;

Sur quelque poutre, ou quelque pierre,
Ou bien sur ses talons à terre.
Luy se mit, comme de raison,
Au siege Royal de gazon.
Quand il fut iuché sur ce Throsne,
Vn vieillard fit ce conte iaune ;
Homme courbé d'ans & de soin,
Et qui se souuenoit de loin,
Dont le fils, le vaillant Antiphe.
Tomba le dernier sous la griffe
Du Cyclope Polyphemus,
Alors qu'il fit gaudeamus,
Et mit les pauures camarades
Du fin Vlysse en carbonnades.
Cét homme auoit trois autres fils,
Dont les deux gardoient le logis,
Et l'autre, à sçauoir Eurinome,
Estoit vn grand ioüeur de paume,
Et n'estoit pas le moins hupé
Qui recherchast Penelopé.
Il tousse donc, crache & se mouche,
Et puis il ouure ainsi la bouche.
Oyez, Messieurs les Ithaquois,
C'est la belle premiere fois

Que nous auons fàit assemblée,
Depuis cette guerre endiablée,
Où nostre Roy s'en est allé.
Or ie ne sçay qui s'est meslé
De cela cette matinée,
Et qui me payra ma iournée:
Peut-estre nous veut-il donner
A tous ensemble à desieuner.
Quoy qu'il en soit , ie vous assure
Que ie le tiens à bon augure.
Sans luy laisser dire pourquoy,
Telemach, sur son quant à moy,
Leué sur ses pieds, comme vne oye,
Celuy, dit-il, qui vous employe
N'est pas peut-estre loin d'icy.
Est-ce vous, dit-on? Signor si:
Et ce n'est pas à la volée
Que ie conuoque l'Assemblée.
I'en ay bien du sujet vrayment:
Cela me fait bien du tourment,
De voir, sans qu'on s'en mette en peine,
Deuorer mon pauure domaine,
Et qu'on me rend gueux comme vn rat:
Et les fils de mes gens d'Estat

Sont les premiers à la curée,
A faire la galimafrée,
A tirer les lardons du roſt,
Enfin à briffer comme il faut.
Auecque cela l'on me berne.
Ha, Meſſieurs, cecy vous concerne!
Ie ſuis le fils de voſtre Roy:
Au lieu de prendre ſoin de moy,
Et faire de mon bien le voſtre,
Vous me laiſſez-là comme vn autre,
Contre l'ordre humain & diuin,
D'aider la veufue & l'orphelin.
Quel honneur aura la Prouince
De n'auoir qu'vn gredin de Prince?
N'eſtois-ie pas aſſez matté
De voir que mon pere eſt fluſté,
Et qu'il ne le faut plus attendre?
Sans ſouffrir vn plus grand eſclandre:
Et ſans que, dans ma baſſe cour,
On me remembre chaque iour,
Au cry des beſtes qu'on aſſomme,
La dure mort de ce pauure homme.
Cela dit d'vne haute voix,
Il iette ſon Sceptre de bois

Contre la terre, & le pietine;
Et contre eux maugrée & fulmine.
C'eſtoit le Sceptre que portoit
Son pere, qu'il repreſentoit.
Tel qu'vn Enfant qui ſe dépite
Dans la colere qui l'agite,
Iette ſon ioüet bien ſouuent,
Fait vn grand cry, retient ſon vent,
Puis brait plus fort & ſe tempeſte,
Bat du pied, ſe choque la teſte:
Telemach ſe deſeſperoit;
Et Dieu ſçait comment il pleuroit.
I'ay, dit-il, aſſez de courage
Pour me vanger de cét outrage.
Et ie leur monſtrerois bien-toſt...
Mais quoy? la force me deffaut:
Ie les enuoyrois bien aux peautres.
Si i'auois affaire à vous autres,
De ceux qui ſont de bons bourgeois,
A tout le moins ie penſerois
Que vous auez pignon ſur ruë:
Et ie ne ſerois pas ſi gruë
De geindre ſi fort que ie fais,
Pour vous faire payer les frais.

Mais nostre maison ne fourmille
Que de ieunes fils de famille,
Que de faineants, vagabonds.
Coupe-iarets & furibonds,
Contre qui l'on est sans ressource,
Eussent-ils coupé vostre bourse ;
Encor n'en faut-il pas grongner,
De crainte de les indigner,
Et d'estre battu comme plastre,
Sans estre asseuré dans son âtre.

    Antinoüs estoit present :
Comme il estoit le mieux disant
Des interessez en l'affaire,
Il ne peut plus long-temps se taire.
Mais escumant auec grand bruit,
Comme fait vn pot qui s'enfuit,
Il luy dit auecque rudesse.
A qui vous prenez-vous, Iean fesse ?
Vostre mere est cause de tout,
Et si nous vous faisons du coust,
Cela vaut-il bien, ce vous semble,
Que tout vostre Conseil s'assemble,
Comme pour affaires d'Estat,
Et pour quelque grand attentat ?

Quoy que contre nous on ordonne,
Trouuerez-vous vne perfonne,
Pour executer vos Arrefts,
Et qui pour vos feuls interefts,
S'aille faire caffer la tefte?
O, le monde n'eft pas fi befte!
Des Arrefts, vous en aurez prou;
Mais ne feruiront pas d'vn clou.
Nous ne nous en foucirons guere,
Et n'en ferons pas moindre chere.
Sçachez qu'à force de manger
Nous vous allons faire enrager.
Voftre mere eft vne rufée:
Elle s'eft toufiours excufée
De prendre à fon choix l'vn de nous
Pour eftre fon futur Efpoux,
Sur cette belle toile iaune,
Qu'en faifant la bonne matrône
Elle vouloit paracheuer,
Et la faire bien lefciuer;
Afin que quand voftre grand-pere
N'auroit plus autre chofe à faire
Qu'à fe laiffer vn iour mourir,
Il euft vn drap pour fe couurir,

Dé

De la main de sa belle-fille,
Auant qu'en vne autre famille
Il fust dit qu'elle eust conuolé.
Cependant elle a reculé
Iusques à la quatriesme année,
En y trauaillant la iournée,
Et puis défaisant tout la nuit.
Nous l'auons sceu par cas fortuit ;
Et nous l'auons enfin contrainte
A n'vser plus de cette feinte.
Elle en bailloit bien à garder,
Et nous nous laissions bien brider.
Maintenant que la fourbe est sceuë,
Et que cette toile est tissuë,
Messieurs, ie vous laisse à penser
Si nous manquons à la presser
De tenir enfin sa parole,
Tandis que chacun elle enjole,
En donnant à tous quelque espoir
Des faueurs qu'vn seul doit auoir.
Mon amy, voulez-vous bien faire ?
Faites-la mener chez son pere,
Qui luy donne vn second mary :
Ou bien ne soyez pas marry

G

Quand nous nous donnerons carriere,
Et ferons encore litiere
De ce qui vous appartiendra.
Tant qu'elle nous entretiendra
Auecque ses billeuezées,
Nous irons sur mesmes brisées.
Aussi bien voila nostre jeu,
Faire bonne chere & beau feu.
    Que tout mon bien s'en aille au diantre!
En eussiez-vous dedans le ventre
A creuer comme tabourins,
Et rendre tripes & boudins,
Dit Telemaque inconsolable.
Ha, tel n'en veut qu'à nostre table,
Qui fait semblant d'estre pipé
Des beaux yeux de Penelopé!
Vous feignez tous d'auoir dans l'ame
L'amour de cette pauure femme,
Que vous voudriez bien abuser,
Sous pretexte de l'espouser.
Ne croyez point, quoy qu'il en couste,
Qu'au grand iamais ie me dégouste
De la tenir dans ma maison:
Et c'est sans rime ny raison,

Que vous voulez que ie la chasse :
Cela n'auroit pas bonne grace
De mettre ma mere à mon huis ;
Elle m'a fait ce que ie suis,
Tout mon corps est de son ouurage,
Mes yeux, mon nez & mon visage,
Ma bouche, mes mains & mes pieds,
Et la partie où ie me sieds ;
M'a donné le iour & la tette ;
M'a fait boüillie & mis bauette ;
M'a bersé cent fois & torché,
Bref au derriere m'a craché.
Et i'aurois tant d'ingratitude ?
Certes cela seroit bien rude.
Ie serois vn braue garçon :
I'en aurois vn beau maudisson :
Ce seroit bien auoir enuie
D'auoir guignon toute ma vie.
D'ailleurs que sçay-ie si la nuit
Ie n'entendrois pas quelque bruit ;
Si ie ne verrois pas mon pere
Enuelopé dans son suaire,
Qui me tireroit par le pié,
Pour vanger sa chere moitié.

Et puis Icare , par sainct George,
Me feroit bien - toſt rendre gorge.
Gare les aſſignations ,
Pour la dot , & conuentions ,
Et pour tous les droits que ſa fille
Peut auoir dans noſtre famille.
C'eſt ce que i'y trouue de pis ;
Veu que ſi ie les déguerpis ,
Ie ſuis reduit à la beſace ;
Et ie puis aller à la chaſſe
Auec vne eſcuelle de bois,
Apres cinq cens liures tournois,
Dont par contract de mariage
Mon pere luy fit auantage,
Seulement pour ſon preciput ;
Outre tout ce qu'il recognut
En auoir receu de finance ;
Le reſte eſt bien petite chance.
C'eſt pourquoy vous la recherchez :
Et faites tant les empeſchez ,
A luy conter mille fleuretes.
Mais ſi pour acquitter vos dettes,
Vous vous attendez à ſon bien,
Vos creanciers ne tiennent rien.

Voſtre eſperance vous abuſe :
Vous ne tenez pas voſtre buſe.
Ie ne mets pas hors de chez moy,
Pour vos nez, la veufue d'vn Roy.
Mais bien vous meſchantes vermines,
Allez chercher d'autres cuiſines,
Où vous engraiſſiez vos muſeaux,
Sans manger mes porcs & mes veaux,
Et ſans auoir vos panſes ſoules
De mes oiſons & de mes poules.
Depuis que vous eſtes chez nous
Nous n'auons pas fait pour cinq ſous
D'œufs, de beurre, ny de fromage :
Nous n'auons fait aucun meſnage :
Il n'eſt pas ſorty du Palais
Meſme vne paire de poulets,
Pour les porter au marché vendre.
  Tandis qu'il parle, on voit deſcendre
De l'air deux aigles, ou vautours,
Qui font ſur eux deux ou trois tours,
Comme s'ils voyoient quelque proye ;
Et tout le monde s'en émoye :
On eut dit, à les voir voler,
Que ces oyſeaux ; oyant piauler

Les poulets, dont il faisoit plainte,
Leur venoient donner quelque atteinte.
Ils s'arresterent quelque temps
Sur leurs testes, se becquettans:
Et de leur deux serres crochuës
Se fourrans les pointes aiguës,
S'arrachoient du col charcuté
Plume, & duuet ensanglanté.

 Haliterses, vn vieux Rodrigue,
Qui sçait parfaitement l'intrigue
Des Dieux, par le vol des oyseaux,
Et par les tripes des taureaux,
Auec sa mine renfrongnée,
De sa perruque mal peignée,
Alors s'arrache maupiteux
Deux gros toupillons de cheueux,
Y portant les deux mains ensemble.
Ha, Messieurs, disoit-il, ie tremble
De crainte que i'ay pour vos peaux!
Ce ne font point là des moineaux:
Cecy n'est pas vn bon presage.
Que chacun sorte, s'il est sage,
De la maison de nostre Roy:
Ie preuois vn grand desarroy.

Que de vos puantes charrognes
Ces oyseaux feront leurs besongnes!
Ils sentent desia vostre chair:
Helas, que vous payerez cher
Ce que vostre gueule gourmande
Engloutit maintenant de viande!
Ils feront vn de ces matins
De vos corps autant de lopins,
Auec leurs griffes enfoncées,
Que vous faites aux fricassées:
Tel en sera déchiqueté
Menu comme chair à pasté.
Vlysse vient, & s'il vous treuue,
Ie crains que sur vous il ne pleuue
Vne bonne gresle de coups:
Bref, Messieurs, prenez garde à vous.
En ce dernier point ie souhaitte
D'estre pour vous mauuais Prophete.
Mais le Roy vient, ie sçay qu'il vit;
Er mon petit doigt me l'a dit.
    Alors s'esleue vn grand murmure:
Prediseur de mal-auanture,
Radoteur, faiseur d'Almanach,
Repartit pour tous Eurimach,

Dont nous parlions au premier liure :
Ie pense que vous estes yure ;
Car nous sçauons que bien souuent
Vous déjeunez en vous leuant.
Croyez-vous par vos pronostiques
Nous donner des terreurs paniques ?
Sçachez que nous connoissons tous
Le vol des oyseaux mieux que vous ;
Et nous auons meilleure veuë.
Vostre finesse n'est cousuë
Que de fil blanc à nostre égard.
Au renard, dit-il, au renard ;
Il voudroit nous en faire accroire,
Le bon pere de l'attrapoire,
Pour venir manger nos graillons,
Si du Palais nous nous grouillons :
Et gagner par sa manigance,
Quelques nipes en recompense
De nous auoir ainsi chassez,
Nous faisant peur des trespassez.
Il y doit auoir longue pause
Que le bon Vlysse repose ;
Et si vous estiez comme luy,
Vous ne iaseriez pas meshuy,

Paix , Meßieurs , c'eſt choſe inciuile
De vous eſchauffer tant la bile ,
Et dommageable à la ſanté :
Nous auons aſſez conſulté ,
Dit Telemach , ſur cette affaire :
A qui n'a cure de bien faire ,
On a beau dire & beau preſcher.
Il ne reſte qu'à vous toucher
Ce qui me vient dans la caboche.
Si mon pere a quelque anicroche ,
Ie le pourray bien deſcouurir :
Ie veux aller m'en enquerir
Au païs de Pile & de Sparte.
Il faut que ſans delay ie parte :
Cela me donne bien du ſoin ;
Car ie penſe que c'eſt bien loin :
On conte au plus prés quinze lieuës.
Et puis ie crains ces ondes bleuës
(D'vn bleu qui n'a iamais eſté
Le ſymbole de loyauté)
Qui font bleſmir les plus brauaches :
Il n'eſt que le plancher des vaches.
Que chez Neſtor & Menelas ,
Si i'eſtois le poiſſon Colas ,

H

J'arriuerois toſt à la nage !
Mais n'ayant pas cét auantage,
Ie voudrois auoir rencontré
Vn bon batteau bien calfeutré;
Auec quelque peu de monnoye :
Ce n'eſt pas pourtant que ie croye
Que ie deſpenſe rien chez eux :
Mais vous ſçaués qu'on eſt honteux
De ſe trouuer ſans ſou, ny maille,
S'il faut qu'on iouë, ou que l'on baille
Aux ſeruiteurs quelques douzains :
Outre tant d'accidens humains,
Où ſi moy, ny la compagnie,
N'auions pas la bourſe fournie,
Nous nous verrions fort ébobis :
Car combien d'orages ſubits
Enflent les flots impitoyables,
Qui vous portent à tous les diables?
Ie vous prie vn peu d'auiſer
Si vous pouués vous cotiſer.
Vous n'y perdrés pas vne pite :
Ie veux que voſtre argent profite,
Meſmement à gros intereſts;
Et que l'on faſſe pour vos preſts,

Vn bon impost sur la racaille,
Sur crieurs d'huistres à l'escaille,
Sur Rostisseurs & Charcutiers,
Sur Pastissiers & Gargotiers,
Et tels autres Marchands de gueule,
Afin que dans ma maison seule
On ne se plaigne pas du coust,
Et qu'on le ressente par tout.
    A cela chacun fait la nique :
Et cependant point de replique.
Le seul Mentor, vn vieux penard,
A qui le Roy sur son depart
Laissa le soin de sa famille,
Se leue, & puis ainsi babille
En faueur de Telemachus.
Nous ne sommes que des ieans-cus,
Nous n'auons iamais esté dignes
De toutes les faueurs insignes
Que nostre Roy nous departoit.
Lors qu'à sa table il vous traittoit
Vous l'aimiez, ô les amours fausses !
Puis qu'en perdant le goust de sausses,
Vous perdés aussi desormais
Le souuenir de ses bien-faits.

Ie parle à tous ceux de noftre âge,
Dont le Conseil prudent & sage
Peut chasser ces godelureaux,
Comme vne troupe d'estourneaux :
Au seul cry de haro qu'on fasse
Sur eux deuant la populace.

    Eænoride estomaqué
Luy repart : Vieux corps confisqué,
Rends graces à ta barbe blanche :
Nous te rendrions bien la reuanche
De la charité qu'aujourd'huy
Tu nous veux prester pour austruy.
Vrayment, nous craignons bien l'attaque
Du peuple & des Bourgeois d'Ithaque !
Vous estes de bons badauts tous,
Pour oser souffler deuant nous.
Quand de surplus Vlysse mesme
Reuiendroit icy luy centiesme,
Il y feroit aussi beaucoup,
Et de beaux pets apres le loup.
Il y craindroit quelque morgnifle.
En finissant ces mots il sifle,
Et tous les autres pourfuiuans
D'abord auec luy se leuans

Font retentir iusqu'aux nuées
Trois ou quatre grandes huées.
Allons, disent-ils, déjeuner ;
Car on nous l'a fait bien gagner.
O le sot gars de haut parage !
Ça, qu'on luy dresse un équipage :
(Ils sous-entendoient Telemach)
Nous luy remplirons son bissac
De bribes de pain & de viande.
Il ne faut pas qu'il apprehende
De mourir de faim sur la Mer,
Pour six heures qu'il faut ramer,
Auant que l'on arriue à Piles :
Car les flots sont assez tranquilles.
Mais certes il est bien taillé
Pour demeurer dans son pouillé ;
Et pour ne voir qu'autant de monde,
Qu'il peut descouurir à la ronde
Des lucarnes de ses greniers.
Les Matelots & Nautonniers
N'auront pas de luy grand' pratique :
Il n'ira pas sous l'Eclyptique,
Pour descouurir de nouueaux lieux.
Sur ces discours injurieux,

Dont Telemaque en sa peau creüe,
Enfin toute la Cour se leue.
Chacun chez soy retourne en paix,
Et les courtisans au Palais.
Dieu sçait si leur gueule affamée
Mangea moins qu'à l'accoustumée.

   Telemaque, en son petit cœur,
Auoit à la verité peur
D'aller sur Mer, & perdre terre,
Ne nageant non plus qu'vne pierre.
Il s'en va pour se r'asseurer,
Au riuage, non sans pleurer,
Regardant la vaste estenduë
De ce gouffre à perte de veuë.
Ha, que Iason & ses consors
Auoient, dit-il, le diable au corps!
Ils estoient bien las de leur vie !
Il ne me prendroit point enuie,
Pour mille pareilles toisons,
De quitter l'air de mes tisons.
Helas, mon pauure pere Vlysse !
Il faut bien que ie vous cherisse,
De m'exposer comme cela.
Ainsi resuant, voicy qu'il a

Vne apparition ſoudaine
De Minerue qui ſe promeine
Prez de luy, changée en Mentor;
Ayant vn vieux & gras caſtor,
Tel que ſon chapeau du Dimanche;
Calote noire, & teſte blanche;
Et de meſme poil, ſans façon,
Vne fauſſe barbe en buiſſon.
Cette Pallas a tant d'adreſſe
A ſe contrefaire ſans ceſſe,
(Ayant apparu tant de fois
En frere de la Roſe-croix,)
Qu'on ne ſçait ſi cette pucelle
Eſt en effet maſle ou femelle.
    Vous voila, dit-elle, mon fils?
Et ie vous penſois au logis.
Vous bayez apres l'eau qui paſſe;
Tandis qu'on boit à pleine taſſe
Chez vous l'excellent vin bouru,
Et le meilleur de voſtre cru.
A quoy ſongez-vous ſolitaire?
Eſt-ce comment vous pourrez faire
Le voyage premedité?
Si Dieu me preſte la ſanté,

Ie veux vous tenir compagnie.
C'est vne grande vilainie,
Qu'aucun de vos autres sujets
Ne vous assiste en vos projets.
Il vous faut piller patience.
Or sus, pour faire diligence,
Ie vais arrester le vaisseau
Le meilleur qui sera sur l'eau.
Cependant allez vous-en faire
La prouision necessaire
De pain, & de vin qui soit bon,
De farine, lard, & jambon,
De bœuf salé, pasté, fromage,
Bref de ce qui sert à mesnage.

Telemaque, sans long propos,
Luy rend graces en quatre mots,
Et s'en reuient en vray landore,
A la maison tout triste encore,
Tous les Courtisans empressez,
Auecque les bras retroussez,
Y font eux-mesmes la cuisine,
Plument l'oison & la geline,
Et pour en venir mieux à bout,
Ils les plongent dans l'eau qui bout:

Les

Les efuentrent, & les habillent :
Enfin ils roftiffent & grillent;
Et fe preparent le difner
Bien-toft apres le defieuner.
Dieu vous gard', noftre ieune Maiftre,
Luy difoit l'vn d'eux le plus traiftre.
D'où venez-vous tant efchauffé?
Eftes-vous encore bouffé
Contre nous autres de colere?
Ne nous foyez pas fi feuere;
Touchez là, foyons bons amis,
Que tout le paffé foit obmis :
Quittez voftre follicitude,
Ayez vn peu de quietude;
Vos fujets ont affeurement
Le foin de voftre embarquement.
Ne parlons meshuy que de boire,
Et de bien branfler la mafchoire :
Defia le difner s'en va preft.
C'eft, dit-il, ce qui me déplaift
De vos affections fi grandes :
On peut bien apprefter les viandes
Lors qu'il n'en coufte rien aux gens :
Vous eftes tous fort obligeans;

Et vous faites auecque joye
Du cuir d'autruy large couroye.
Ainſi parlant, il demenoit
Sa main que l'autre luy tenoit.
Mais enfin tant il ſe tremouſſe,
Et tire auec grande ſecouſſe,
Pour l'arracher, qu'on ne vid onc
Homme mieux tomber de ſon long.
S'il auoit eu le cul de verre,
Il ſe le fuſt caſſé par terre.
Il ſe leue tout interdit,
Rouge du mal & du dépit:
Puis tout grommelant il s'euade,
Et l'on rit de cette caſcade.
Holà, Monſieur, ne laiſſez pas
De venir prendre le repas,
Luy dit-on, c'eſt grande imprudence
De ſe faſcher contre ſa panſe;
Ne ſoyez pas doncques ſi ſot.
On va tirer la chair du pot,
Nous vous pourrons bien paſſer maiſtre;
Et vous ne taſterez peut-eſtre,
Boüilly, ny roſt, que d'vne dent,
Si vous nous quittez cependant.

Vous reſſemblez Iean-de-Niuelle,
Vous fuyez quand on vous appelle.
C'eſt tout de bon qu'il nous en veut,
Il nous ioura pieces s'il peut.
On iuge bien par ſes paroles
Qu'il ne promet pas poires molles.
Pourueu qu'au moins il n'aille pas
Nous chercher de la mort aux rats
Pour nous en mettre dans la coupe,
Dans les ragouſts, ou dans la ſoupe;
Qu'il s'en aille à trauers des choux
Mandier ſecours contre nous.
Peut-eſtre que dans ſes voyages
Il demeurera pour les gages,
Et nous mettra tous en ſoucy
De partager ſes biens icy.

Pendant qu'ils raillent de la ſorte,
Il va chercher qui le conforte,
Et raconter auec des pleurs
A ſes ſeruantes ſes douleurs;
Sur tout à la vieille Euriclée,
Par qui d'vne amour aueuglée
Il ſe voit chery tant & tant,
Mais auec tout honneur pourtant.

Là dessus luy dit , bonne mere ,
Ie veux aller chercher mon pere ,
Qui vienne garder nostre pain :
Pour moy ie me tourmente en vain ;
Et ces gueules enfarinées
N'en font pas moins leurs saugrenées.
Que s'il auoit passé le pas ,
Au moins nous ne l'attendrions pas.
Ie m'en vay dés cette soirée
M'embarquer sur l'onde azurée.
Allez, vous-en doncques pour moy
Prendre suffisamment dequoy
Au grenier & celier en haste :
Il ne croist sur Mer pain ny paste,
Et cét Element pour boisson
N'est agreable qu'au poisson.
Il me faut dix sacs de farine ;
Chacun seulement d'vne mine,
Pour les porter plus aisement.
Prenez garde soigneusement,
Qu'ils ayent vne bonne cousture :
Et les fermant , ie vous coniure
De serrer fort chaque lien ,
De peur qu'il ne se perde rien.

Puis allez, faire mettre en perce
Du meilleur vin, & qu'on en verse
Vn muid tout plein dans des barris,
Pour nous resiouïr les esprits.
Bouschez les bien, qu'il ne s'éuente,
Ou s'en aille par quelque fente;
Pour tout le reste des apprests,
Nous y donnerons ordre aprés.

   La pauure vieille toute esmeuë
Gratte tant sa teste chenuë
Qu'elle en fait choir son chaperon,
Large comme vn cul de chaudron:
Et les larmes à grosse ondée
Roulant sur sa face ridée,
Tresinent la cire de ses yeux
Auparauant tous chassieux.
Hé, mon enfant, le cœur me gele
Quelle fureur vous tient, dit-elle,
D'aller ainsi plus loin trotter
Que terre ne vous peut porter?
Quelle mousche est-ce qui vous pique?
Vous estes vn enfant vnique:
Et seulement pour vn dépit
Vous voulez vous perdre à credit;

Et faire ainsi qu'en vous finisse
La graine Royale d'Vlysse.
Où voulez-vous l'aller chercher,
Perdant des yeux vostre clocher ?
I'ay bien peur qu'en errant sur l'onde
Vous le suiuiez à l'autre monde :
Le premier vent qui soufflera,
Peut-estre vous y poussera.
Quand il a fait bouffer la voile,
C'est à dire cette grand' toile
Qu'on desploye en sortant du Quay,
Au haut d'vn bois droit comme vn May ;
Rarement en est-on le maistre.
Vous direz bien alors peut-estre,
Que ne suis-ie demeuré quoy
Parmy les Courtisans chez moy,
Sans changer l'air de la cuisine,
Auec celuy de la marine ?
Pourquoy fus-ie si mescreant ?
Helas, quelque monstre beant,
Quelque baleine espouuentable,
Quelque rocher ou banc de sable,
Me va deuorer sans faillir,
Me froisser, ou m'enseuelir !

Que si vostre ieune courage
N'apprehende point le naufrage ;
Considerez en quel esmoy
Vous laissez vostre mere & moy.

　　Il faut de peur qu'elle ne braille,
Luy bien celer que ie m'en aille.
Ne le luy dites pas, dit-il ;
Tenez vn peu vostre babil.
Mon dessein n'est sceu de personne :
Si vostre langue ne iargonne ;
Auant qu'on sçache mon départ,
Ie puis reuenir sans hazard
De choir dans les meschantes pates
Des Courtisans & des Pirates,
Croyant que chez mon metayer
Ie sois allé pour m'esgayer.

　　La bonne vieille luy proteste,
Par de grands iurons, & par geste,
Leuant les mains iointes aux Cieux,
Et tournant le blanc de ses yeux,
Qu'elle demeurera muette,
Et tiendra la chose secrete :
Inuoque les saincts de jadis,
De l'Enfer & du Paradis,

De l'air, de la terre, & de l onde;
(Car ils font femez dans le monde,
Drus comme des moufches par tout ;)
Et leur promet quelque ragouſt ,
A chacun par ſes ſacrifices ,
S'ils luy veulent eſtre propices,
Et le ramener à bon port.
Apres luy recommande fort
D'auoir grand ſoin de ſa caillete ,
Et pluſieurs fois le luy repete ,
Le baiſe , & ſerre entre ſes bras :
Enfin ſe haſte à petits pas
De s'en aller pour le voyage ,
Appreſter tout le carriage.

Luy , s'en va prendre ſon bonnet :
Puis entrant dans le cabinet,
Où ſes predeceſſeurs auares
Serroient les choſes les plus rares,
Y fait vn pacquet bien trouſſé :
Et d'vn grand coup ayant caſſé
Vne tirelire de terre ,
En fait choir l'argent , & le ſerre
Dans ſes poches , & ſon gouſſet.
Or à vray dire l'on ne ſçait ,

S'il ſe

S'il se montoit à grosse somme ;
Parce qu'Homere le bon homme,
Quoy qu'il soit exact de tout point,
En son liure n'en parle point.
Mais c'estoient de belles especes
De sous tapez, & d'autres pieces
De trois, de six blancs, de cinq sous.
Il choisit aussi des bijous,
Que pour faire dons il emporte:
Referme seurement la porte ;
Va trouuer Messieurs les Amans,
Qui sont comme des Allemans,
Sans desemparer de la table,
Tant que le iour est perdurable.
Et comme il enrage de faim,
Il coupe gros quignons de pain,
Mord à mesme à grosses bouchées,
Qu'il auale à demy maschées :
Sausse mouilletes dans les plats ;
Car de viande, il n'en restoit pas :
De loin en loin demande à boire :
Bref iusqu'à la nuit toute noire
Il tient compagnie à ces gens,
Plusieurs fois de nouueaux rongeans

K

Les os de deſſus leurs aſſietes,
Et recommançans leurs beuuetes.
   Lors que chacun enluminé,
A taſtons s'en fut retourné;
Pallas en Mentor traueſtie,
Qui n'attendoit que leur ſortie,
Entra ſans que l'on l'apperceût,
Comme l'on dit que Belzebut
Entre au corps d'vn demoniaque.
Holà, dit-elle, Telemaque,
Le voyant ſur table accoudé;
Tu dors apres t'eſtre guedé.
As-tu perdu la ſouuenance?
Sus, alerte, prenons pitance,
Pour nous en aller promptement.
Il ſe leue, & d'vn ſifflement
Ils font venir à la ſourdine,
Au ſignal, leurs gens de marine.
L'vn emporte vn ſac ſur ſon dos;
L'autre vn baril, l'autre des pots,
Du lard & du pain dans ſa hotte;
L'vn charge ſon faix, l'autre trotte;
Et l'autre reuient ſur ſes pas
Prendre en ſes mains, ou ſous ſes bras,

Tout ce qu'on a laiſſé de reſte ;
Sans que ce trauail les moleſte.
Telemaque, d'vn pied craintif,
Entre en la nef plus mort que vif ;
Et peu s'en faut qu'il ne ſe paſme.
On deſ-ancre, on tire à la rame :
Il voit la terre s'eſloigner ;
La teſte vient à luy tourner,
Et ſon eſtomach ſe deſuoye.
A l'aide, à l'aide, ie me noye,
Crioit-il haut aux Matelots,
Se croyant englouty des flots.
Le feint Mentor luy tient la teſte ;
Cependant vn aûtre tient preſte
Vne coupe de vin ſans eau,
Pour luy r'enforcer le cerueau,
Et luy redonner le courage :
Il l'auale, & reprend l'vſage
De tous ſes ſens preſque égarez.
Puis les Matelots alterez,
Demandent tour à tour la coupe :
A l'enuy tous ceux de la troupe
Boiuent aux Dieux, en les priant
De leur donner vn vent riant.

Ainsi vogue donc Telemaque,
En quittant son païs d'Ithaque.
Pourueu qu'il arriue à bon port,
Ie vous promets qu'à son abord
Vous l'entendrez dire merueïlles,
Si vous ne bouschez vos oreilles.

Fin du second Liure.

www.ingramcontent.com/pod-product-compliance
Lightning Source LLC
Chambersburg PA
CBHW070021110426

42741CB00034B/2273